6 mars 1891

CATALOGUE

DES

LITHOGRAPHIES

EAUX-FORTES MODERNES

ET ESTAMPES ANCIENNES

ŒUVRES

DE CHARLET, GÉRICAULT, DECAMPS, DELACROIX, RAFFET

H. VERNET, ETC.

Provenant de la collection de feu M. Moignon

DONT LA VENTE AUX ENCHÈRES PUBLIQUES AURA LIEU

HOTEL DES COMMISSAIRES-PRISEURS

RUE DROUOT, 9, SALLE N° 4

Le Vendredi 6 Mars 1891, à deux heures très précises.

<table>
<tr><td>Me MAURICE DELESTRE
Commissaire-priseur
27, RUE DROUOT, 27</td><td>M. JULES BOUILLON
Marchand d'Estampes de la Bibliothèque nationale,
3, RUE DES SAINTS-PÈRES, 3.</td></tr>
</table>

CATALOGUE

DES

LITHOGRAPHIES

EAUX-FORTES MODERNES

ET ESTAMPES ANCIENNES

ŒUVRES

DE CHARLET, GÉRICAULT, DECAMPS, DELACROIX, RAFFET,

H. VERNET, ETC.

Provenant de la collection de feu M. Moignon

DONT LA VENTE AUX ENCHÈRES PUBLIQUES AURA LIEU

HOTEL DES COMMISSAIRES-PRISEURS

RUE DROUOT, 9, SALLE N° 4

Le Vendredi 6 Mars 1891, à deux heures très précises.

Par le ministère de **Mᵉ MAURICE DELESTRE**, commissaire-priseur,
Rue Drouot, 27

Assisté de **M. JULES BOUILLON**, marchand d'estampes de la Bibliothèque
nationale, rue des Saints-Pères, 3.

PARIS, 1891

CONDITIONS DE LA VENTE

Elle sera faite au comptant.

Les Acquéreurs payeront CINQ POUR CENT en sus des enchères applicables aux frais.

M. J. BOUILLON, chargé de la direction de la vente, se réserve la faculté de rassembler ou de diviser les lots.

L'ordre du catalogue sera suivi.

DÉSIGNATION

LITHOGRAPHIES ET EAUX-FORTES

BELLANGÉ (H.)

1 — Uniformes de l'armée française depuis 1815 jusqu'à ce jour, par H. Bellangé. 1824. A Paris chez Gihaut. Quatre-vingt-douze pièces coloriées, dans la couverture de publication.

BELLANGÉ (H.) ET CHARLET

2 — Costumes militaires, sujets d'album et autres. Trente-huit pièces.

BENJAMIN

3 — Le Chemin de la postérité. Trois pièces, très belles épreuves.

BOILLY (d'après L.)

4 — Marche incroyable, par Bonnefoy. Belle épreuve.

BONHEUR (Rosa)

5 — Feuilles de croquis lithographiques. Trois pièces datées de 1864. De la plus grande rareté.

6 — Tête de taureau. — Tête de génisse. — Tête de lionne, etc. Quatre pièces.

7 — Taureaux espagnols, lith. par Rosa Bonheur sur papier Aug. Bry.

BONHEUR (d'après R.)

8 — Lithographies d'après les peintures de Rosa Bonheur, par divers artistes. Vingt pièces, en partie avant la lettre,

9 — Grandes études par M⁰ Rosa Bonheur et d'après ses œuvres reproduites par les principaux artistes, sous sa direction, et lithographies d'après ses tableaux. Dix-neuf pièces.

BONINGTON (R.-P.)

10 — Façade de l'église Saint-Jean, à Lyon (H. B. 15). Deux épreuves, dont une d'essai, avant toute lettre, et l'autre sur chine.

11 — Restes et fragments d'architecture. Suite de dix lithographies connue sous le nom de la Petite Normandie. (16-25.) Très belles épreuves, en partie sur papier teinté.

12 — Trois pièces doubles de la suite précédente. Très belles épreuves.

13 — Entrée de la rade de Rio-Janeiro (27). — Campos, sur les bords du Rio-das-Velhas (28). Épreuve avant la lettre, sur chine. Deux pièces.

14 — Vues pittoresques de l'Ecosse. Onze pièces d'après Pernot et deux culs-de-lampe de Bonington (30-42). Très belles épreuves.

15 — Douze pièces doubles de la suite précédente, en partie sur chine ; six sont avant la lettre.

16 — Le Repos. — La Prière. — La Conversation. — Le Silence favorable. — Les Plaisirs paternels. — Le Retour. Suite de six pièces (47-52). Très belles épreuves, dont trois sur chine.

17 — Deux pièces doubles de la suite précédente. Belles épreuves.

18 — Vue de Bologne, eau-forte, 1828 (64). Très belle épreuve, sur chine.

BONINGTON (d'après)

19 — Lithographies, eaux-fortes et manières noires, d'après
Bonington. Dix-huit pièces. Très belles épreuves en partie
avant la lettre.

20 — Œuvres inédites de Bonington, gravées à l'eau-forte par
Ch. Damour. Paris, 1852. Neuf pièces dans la couverture
de publication.

BRACQUEMOND

21 — Portrait d'Erasme, d'après Holbein. Superbe épreuve
avant la lettre, sur chine.

BRASCASSAT (R.)

22 — Brebis et son agneau. — Brebis. — Taureau suisse à
l'étable. — Vache normande au pâturage. Quatre pièces.
Belles épreuves.

23 — Etudes d'animaux et de paysage dessinés d'après nature
par Brascassat. Paris, 1831. Suite de six pièces dans la
couverture de publication, quatre pièces sont doubles, sur
chine.

24 — Etudes d'animaux. — Croquis et paysages. Sept pièces.

CALAMATTA (L.)

25 — Masque de Napoléon. Deux épreuves avant la lettre,
dont une avec dédicace de Calamatta à M. Sudre. Très
belles épreuves.

CALLOT (J.)

26 — Les Gueux ou Mendiants (M. 685-709). Suite de vingt-
cinq pièces. Très belles épreuves du premier état. avant
les numéros.

CALLOT ET DELLA BELLA

27 — Un volume renfermant quatre cent soixante pièces de
l'œuvre de ces deux artistes.

CHARLET (Nicolas-Toussaint)

28 — Son œuvre lithographique, ainsi composé : Portraits de
Charlet. — Portraits de personnages divers, par Charlet.
— Pièces imprimées chez Lasteyrie. — Pièces imprimées
chez Motte. — Diverses suites de costumes militaires
imprimées chez Lasteyrie, Delpech, Motte et Villain. —
Pièces détachées, terminées, avec ou sans texte, sortant
de diverses imprimeries, pour la plupart de celle de Villain, 1821 à 1844. — Griffonnements, pièces diverses, non
terminées, 1817 à 1840. — Pièces faites avec le concours
d'autres artistes. — Pièces tirées de divers recueils ou
faites dans un but spécial. — Pièces insérées dans divers
journaux. — Recueil des albums, fantaisies, croquis, etc.,
parus par suites depuis 1822 jusqu'en 1846. — Croquis à
la manière noire, sujets philosophiques, populaires, mo-
raux, politiques, critiques, civils, religieux et militaires.
— Suites de dessins à la plume, eaux-fortes, pièces au
vernis mou et sujets divers, etc., etc.

Cet œuvre, un des plus beaux connus, a été formé avec le plus
grand soin par M. Moignon. Il est composé de environ 1300.
pièces dans vingt-trois portefeuilles. Les épreuves sont
toutes de premier tirage et sont classées suivant le catalogue de l'œuvre, publié par le colonel de La Combe.

COGNIET (Léon)

29 — Portraits, croquis et études. Neuf pièces, dont il n'a été
tiré que cinq épreuves et les pierres détruites après.

DAUMIER (H.)

30 — Portraits et scènes de mœurs. Lithographies. Seize
pièces.
Toutes ces lithographies d'Henry Monnier, ont été imprimées
par Auguste Brey à quatre ou cinq épreuves ; elles n'ont
jamais été publiées, par suite de difficultés entre l'éditeur
et l'artiste. Les pierres ont été effacées.

DEBUCOURT (P.-L.)

31 — Les Visites. Belle épreuve.

DECAMPS

32 — Portraits de Decamps, par Gavarni, Masson, etc. Quatre pièces.

33 — Cheval poursuivi par des chiens (Ad. Moreau. Eaux-fortes. 2. r. r. r.).

34 — Bataille des Cimbres (3). Épreuve sur chine.

35 — Moulin à vent (5. r.). Épreuve d'essai, les marges non nettoyées.

36 — Un Mendiant (8. r. r.). Epreuve sur chine.

37 — Environs de Smyrne, vernis mou (12. r. r. r.).

38 — Un Chien de chasse (13. r. r. r.). Epreuve d'essai, les bords non nettoyés.

39 — Femme italienne debout, vernis mou (16. r. r. r.).

40 — Corps-de-garde turc (17). Epreuve du premier état, r. r., sur chine, plus une épreuve du troisième état. Deux pièces.

41 — La Gardeuse de porcs (18). Deux épreuves, dont une du premier état et une d'essai.

42 — Village de Turquie (19). Epreuve avant toute lettre, sur chine du premier état, plus une épreuve du troisième état avec le numéro.

43 — Les Deux chiens (20). Epreuve d'essai du premier état, r. r., plus une épreuve avant la lettre. Deux pièces.

44 — Bataille d'Aboukir. — Bataille de Mondovi (Ad. Moreau. Lithographies. 1 et 2). Epreuve du premier état, avant la lettre.

45 — Pauvre noir (3), premier état. — Le Thermomètre (4). — Jacques Arminius (5. r. r. r.). — Ambroise Paré (6. r. r. r.). — Œcolampadius (non décrit). Cinq pièces.

46 — Episode du massacre de Scio (7). Deux épreuves. — Le Savoyard et le Singe (8). Premier état r. r. — Une visite à l'Hôtel-Dieu (9. r. r.). Quatre pièces.

DECAMPS

47 — Le petit Savoyard (10). Deux épreuves du premier état. — Une patrouille à Smyrne (11). Premier état. — Turc debout (12). — Récréation (13). Premier état. — Les Mendiants (14). Premier état. — Une Rencontre (15). — Le Lièvre et la Tortue (16). Premier état. — Le Coup décisif (17). Deux épreuves du premier état. — Chameaux. Croquis à la plume (18). Dix pièces.

48 — Cahier contenant six feuilles de croquis numérotés. — Août 1829 (19-27). Six pièces sur chine, plus deux doubles sur blanc.

49 — Croquis. Douze pièces publiées chez Gihaut frères. — Mars 1830 et Mars 1831 (36-47).

50 — Vingt pièces publiées dans le recueil intitulé : « Croquis par divers artistes » (48-67). Quarante pièces sur chine et sur blanc.

51 — Sujets de chasse, huit pièces et un frontispice publiés en 1829 (25-35). Epreuves sur blanc et sur chine.

52 — Caricatures politiques, suite de treize pièces (74-86), plus deux doubles, coloriées.

53 — Planches du Voyage en Grèce (87, 88 et 89). Trois pièces, dont deux avant toute lettre et avant les bordures.

54 — Pièces qui n'ont pas été publiées. Grec près d'un tombeau (93. r r r). — Feuille de croquis (94. r. r. r.). Croquis à la plume, dits à la tête de singe (97. r. r. r.). — Une chute dans un escalier (98. r. r. r.). — Bateau en radoub (99. r r r). — Grec vu de dos et courant (100. r. r. r.). Cinq pièces.

55 — Dessins sur bois. Marchand juif dans sa boutique (2). — Défilé d'un corps d'armée (4). — Arabes en embuscade (11). Trois pièces.

DECAMPS (d'après)

56 — Lithographies, gravures et eaux fortes, d'après les tableaux de Decamps. Cinquante-six pièces ; beaucoup sont avant la lettre.

57 — Histoire de Samson. Huit pièces lithographiées par Eugène Leroux.

DECAMPS (par et d'après)

58 — Croquis tirés de la suite intitulée : Croquis, par divers artistes. Lithographies et gravures, d'après les compositions de Decamps. Quatre-vingt-huit pièces ; plusieurs sont avant la lettre.

DECAMPS ET ROQUEPLAN

59 — Album lyrique. Quatorze pièces. Tirage hors texte.

DELACROIX (EUGÈNE)

60 — Portrait d'Eugène Delacroix, par Gigoux. Autre portrait gravé à l'eau forte, marqué de l'initiale G. 1er état. Deux pièces, épreuves sur chine.

61 — Le Christ au roseau (Ad. Moreau, 13). Épreuve du 2e état. r. r.

62 — Œuvre unique à l'eau forte, d'Eugène Delacroix, publié par Cadart et Luquet (18). Six pièces dans la couverture de publication.

63 — M. Martial Marcet (3).— Portrait de M. le Baron Schwiter (5). Deux pièces. Très belles épreuves.

64 — Feuille de croquis (7. r. r.) Très belle épreuve.

65 — Le Giaour (9). Superbe épreuve du premier état.

66 — Cheval sauvage terrassé par un tigre (10). Superbe épreuve sur chine, du 1er état. r. r. r.

67 — Arabes causant étendus sur des coussins (17). — Croquis de paysage (18). Hercule appuyé contre une colonne (19. r. r.). Trois pièces. Très belles épreuves.

DELACROIX (Eugène)

68 — Hercule et Antée (21 . r. r.). Très belle épreuve.

69 — Gœtz de Berlichingen écrivant ses mémoires (22). Superbe épreuve de premier état, sur chine. r. r.

70 — Frère Martin serrant la main de fer de Gœtz (23). — Gœtz de Berlichingen blessé (24). — Weislingen mourant (28) Trois pièces. Superbes épreuves du premier état. r. r.

71 — Feuilles de médailles antiques (29. r. r. 32 et 33). Trois pièces.

72 — Nègre à cheval (35). Macbeth consultant les sorcières (36). Deux pièces.

73 — Jane Shore (40). Epreuve sur Chine. — Hamlet (41). Épreuve de premier état. r. r. Deux pièces.

74 — Lion de l'Atlas (42). Très belle épreuve avant le nom et l'adresse de l'imprimeur.

75 — Lion de l'Atlas (42). — Tigre royal (43). Deux pièces faisant pendants. Très belles épreuves.

76 — Duguesclin à cheval (47). — La fiancée de Lammermoor (48). — Jeune tigre jouant avec sa mère (49). — L'Empereur Charles-Quint au monastère de Saint-Just (50). — Le jeune Clifford trouvant le corps de son père sur le champ de bataille de Saint-Albans (53). Trois épreuves. — Juive d'Alger (54). — Une rue à Alger (55). — Lion dévorant un cheval (56). Dix pièces.

77 — Hamlet. Treize sujets dessinés par Eugène Delacroix. A Paris, chez Gihaut frères, 1443. Très belles épreuves auxquelles on a ajouté les trois pièces supplémentaires de l'édition de 1864.

78 — Scène d'Hamlet, portant cette légende : *Qu'est-ce-donc ? Un rat !* (84). Très belle épreuve du premier état, avant toute lettre. r. r.

DELACROIX (Eugène)

12   79 — Caricatures. — Le Grand Opéra (93). — Théâtre Italien (94). — La Consultation (95). — Duel polémique entre Dame Quotidienne et Messire le Journal de Paris (96). — Les Écrevisses à Longchamps. — Leçon de voltige (98) — Gare derrière ! ! ! (99). — Le Déménagement (100). — Un Bonhomme de lettres en méditation (101). — Huit pièces.

80 — Le Soufflet. — Caricatures sur Mlle Georges. Trois pièces, la première, non décrite par M. Ad. Moreau.

81 — Seigneurs vénitiens portant un toast, lithographie (Ad. Moreau P.-83). Très belle épreuve, dont on ne connaît que deux épreuves.

40   82 — Lithographies et gravures d'après les tableaux d'Eugène Delacroix. Dix-sept pièces.

83 — Fac-simile de dessins d'après Eugène Delacroix. Par A. Robaut. Cinquante-huit pièces.

DELAROCHE (Paul)

39 — 84 — L'Éclatant, Étalon du Haras royal du Pin, d'après Eug. Lami. — Caricature sur Rossini. Deux pièces.

DETAILLE

12   85 — Croquis. — Arlilleur. — Grenadier de la garde. — Cavalier Bavarois. Quatre pièces. Épreuves sur chine.

DIVERS

86 — Reproduction des tableaux de la collection Ad. Moreau. Neuf pièces, d'après Delacroix, Decamps, Ph. Rousseau et Troyon. Epreuves avant la lettre.

87 — Croquis par Juhel. — Paysages d'après Jules Dupré. Quinze pièces.

DREVET (P.-J.)

88 — *Bossuet* (J.-B), évêque de Meaux, d'après Rigaud. Très belle épreuve.

GAVARNI

89 — Mme la Duchesse d'Abrantès (3. r. r.)

90 — E. Dupaty (22). — S. M. l'Impératrice Eugénie (25). — Gavarni (34). S. A. I. Mme la Princesse Mathilde (48). Mélingue (49). — Henri Monnier (51 et 52). — Mlle Waldorr (72). Deux épreuves avant la lettre. Neuf pièces.

91 — Hertz, banquier anglais (40. r. r. r.) Epreuve sur chine.

92 — Mme Montigny (53. r. r. r.). Epreuve d'essai

93 — L'Albanaise (91). Premier et deuxième états avant la lettre.—Amour à toi (92).— La cloche (101). — La feuille et le serment. — (107). — Fleurs d'Orient (108). — L'Heure sainte (109). — Julie (110). — Mais pourquoi pleurer (113). — Mon fils est là (114). — Sans amour (125). — Six petits duos de salon (129). — Sympathie (131). — L'Enfant abandonné (136). — Blanche Colombe (142). Les Farfadets (143). — Le Retour (144). Elle est morte (145). Vingt-cinq pièces, dont quinze avant la lettre.

94 — Mélodies de Madame Gavarni (146-155). Suite de dix pièces, dont trois doubles tirées à part.

95 — Lithographies qui ont été publiées dans le journal l'*Artiste*. — Journal de France. — Les Beaux-Arts, etc. (157 à 223). Dix-sept pièces. Le numéro 207 est avant la lettre.

96 — La Captive (222). — Boîte aux lettres (955). — Qu'est-ce que vous prendrez bien avec ça ? (1075). — La Jeunesse de J.-J. Rousseau (1742-1744-1745-1746 et 1748). Huit pièces avant la lettre.

97 — Ruse et Confiance (248). — Le Chevalier de Nogaroulet (423-428). — Leçons et Conseils (741-760). Vingt-six pièces.

GAVARNI

98 — La Loge des Bouffes (762). — Transactions (958-964).
— Un Couplet de Vaudeville (968). — Œuvres nouvelles de Gavarni. Balivernes parisiennes (1003-1023).
Vingt pièces. — Courrier des enfants (1145-1147). —
Album théâtral. Deux pièces. — Journal des gens du
monde (1215-1216). — Mascarade (1510). Trente-sept
pièces.

99 — Œuvres nouvelles de Gavarni. Le Carnaval (10-24). —
Chemin de Toulon, etc. — Cinquante-six pièces.

100 — Oh ! J'ai une patte sans connaissance (1038). En v'là
t-i, Loupette, en v'la-t-i des commerçants qu'ont fermé
boutique pour venir danser (1054). — Eh bien ! non, je n'ai
jeté mon bonnet par-dessus aucun moulin (1055.). —
Argent mal employé (2091. r. r. r.). — Costume de Bal
d'Humann (2399), etc. Six pièces dont cinq avant la
lettre.

101 — Œuvres nouvelles de Gavarni. Impressions de ménage
(1091). Trente pièces.

102 — Trois pièces faisant partie d'une suite de vingt-cinq
lithographies pour : une tournée dans le Nord de l'Ecosse.
Throwing the stone (1565). — Scotkh girls washing
(1566). — A Higland piper (1567). La dernière est avant
la lettre.

103. — Contes du chanoine Schmid (1578-1583-1586-1588).
— La double rencontre (1648). — Album de l'infin
(1649-1654). — Les artistes anciens et modernes (1670-
1671) — La Boite aux lettres. Six pièces de cette suite
(1684-1696). — Croquis (1712) Causerie (1740). — Rousseau et Madame de Larnage (1747). — Jocelyn (1749).
Vingt-trois pièces.

104 — Paris. Suite de six pièces (1916-1921).

105 — Les Parisiens. Suite de douze pièces, dont nous n'avons
que dix (1928-1937). Epreuves avant la lettre.

GAVARNI

106 — Petites figures (1947-1950-1953-1958). — Petites scènes diaboliques (1984). Cinq pièces. Très rares.

107 — Rustic groups of figures, by Gavarni. London. 1850. Suite de six pièces dans la couverture de publication (1995-2000) Très rares.

108 — La même suite, même condition.

109 — Scènes de la vie intime. Suite de douze pièees (2002 à 2013 r. r. r.). Très belles épreuves reliées en un vol. in-4. cartonné.

110 — Les Toquades. Suite de vingt lithographies inédites (2029-2048). Epreuves sur chine. Très rares.

111 — Pudeur perdue (2015). — Souvenirs des Pyrénées (2025-2026). — Déjeuner de garçon (2062). — Promenade (2063). — Bonjour ami (2064). — La croix de Jésus (2066) — Vieux habits, vieux galons (2068). — Le Ballon perdu (2069). — Lecture de l'artiste (2070).— La Recherche de l'inconnu (2071). — Balayeur des rues (2073). — Magicienne (2099). Quinze pièces.

112 — Le jour de l'an chez l'ouvrier (2189 r. r. r.). Epreuve avant la lettre sur chine.

113 — L'Abeille impériale (2191 à 2195). Six pièces dont une double.

114 — Prélude (2134). — La chasse (2164 r.r.r.). — Toilette de campagne (2198). — Fashionables (2199). — 1792 (2200) — Costumes (2214-2298). — Fashionables (2331 à à 2334). — Journal des gens du monde (2350 à 2357) — La mode (2387) — Costumes de bal (2402). Vingt et une pièces.

115 — Nouveaux travestissements (2509 à 2586). Quatorze pièces de cette suite. — Petits travestissements (2589). — Physionomie de la population de Paris (2592 à 2599). — Espagnole (2610). — L'homme du monde (2650). — Tour d'Ancizan (2028). Vingt pièces.

GAVARNI

116 — Romances. — Les étudiants de Paris. — Caricature de mode. — Paris le soir. — Nuances de sentiment. — Les Rêves. — Les plaisirs champêtres, etc. Quarante pièces, dont plusieurs avant la lettre.

117 — Musiciens comiques et pittoresques. — Physionomies des chanteurs, etc. Cinquante pièces qui ont été publiées dans la *Revue* et dans la *Gazette musicale*.

118 — Fantaisies. Dix pièces.

119 — Série de lithographies qui ont été publiées dans le journal l'*Artiste*. Romances et costumes. Quatre-vingt-dix-huit pièces.

120 — Le Foyer. — Le lansquenet. — La chanson de table. Trois pièces. Très belles épreuves sur chine.

121 — Masques et visages. Les invalides du sentiment . . . . 30 pièces
Les maris me font toujours rire . . . . 25 —
Les Partageuses . . . . 21 —
Études d'Androgines . . . . 9 —
Messieurs du feuilleton . . . . 9 —
Les parents terribles . . . . 13 —
Les Lorettes vieillies . . . . 11 —
Histoire de politiquer. . . . . 20 —
Piano. . . . . 7 —
Les Anglais chez eux . . . . 17 —
Les propos de Thomas Vireloque. . . . . . . 10 —
La foire aux amours . . . . 10 —
Histoire d'en dire deux . . . . 9 —
Manière de voir des voyageurs. . . . . 5 —
Les petits mordent . . . . 9 —
Bohêmes. . . . . 19 —
Le manteau d'arlequin . . . . 1 —
Ce qui se fait dans les meilleures sociétés . . 1 —

En tout 226 pièces sur chine, tirées sur papier de format in-fol.

GÉRICAULT

122 — Portraits de Géricault, par Colin, Léon Cogniet, etc. Cinq pièces dont une double. Très belles épreuves, dont quatre avant la lettre.

123 — Bouchers de Rome (Catalogue de l'œuvre de Géricault, par M. Charles Clément, numéro 1. r. r.). Très belle épreuve.

124 — Le porte-étendard (3. r. r. r.). Superbe épreuve d'une pièce exécutée au crayon et au lavis et dont il n'a été tiré que quelques exemplaires après la mort de Géricault,

125 — Mameluk de la garde impériale défendant un jeune trompette blessé, contre un cosaque qui arrive au galop (8 r. r.). Superbe épreuve.

126 — Les boxeurs (9. r. r.). Superbe épreuve.

127 — Chariot chargé de soldats blessés, traîné par trois chevaux (10 r. r.). Superbe épreuve.

128 — Deux chevaux gris pommelé qui se battent dans une écurie (11 r. r, r.) Superbe épreuve d'une pièce dont on ne connaît que cinq épreuves. Une des deux imprimée sur papier jaunâtre.

129 — La même pièce, imprimée à deux teintes. Superbe épreuve. On ne connaît que deux épreuves imprimées ainsi.

130 — Retour de Russie (12 r. r.). Superbe épreuve du premier Etat, sans le titre, et avec l'adresse de l'imprimeur, imprimée en noir.

131 — La même pièce. Superbe épreuve du deuxième état. Imprimée à deux teintes.

132 — Caisson d'artillerie (13 r r.) Très belle épreuve.

133 — Le factionnaire suisse au Louvre (14 r.). Très belle épreuve.

GÉRICAULT

134 — Artillerie à cheval de la garde républicaine changeant de position (15 r. r. r.). Une des cinq épreuves connues, coloriée à l'aquarelle par Géricault.

M. Ch. Clément, après avoir cité les propriétaires des cinq épreuves connues, dit : Celle de M. Moignon est une pièce admirable qui mérite une mention particulière. Elle a été coloriée à l'aquarelle par Géricault lui même, qui lui a fait subir des changements notables et très heureux. La lumière est beaucoup moins disséminée que dans la lithographie, et l'effet est d'une grande puissance. Le peintre a modifié les coiffures des deux soldats du train, en y ajoutant des plumets. Il a accusé la visière et agrandi la plaque du shako du premier auquel il a aussi mis des épaulettes. Il a relevé le fourniment, mis la jambe droite dans l'ombre, ce qui donne de la valeur à la tête du cheval, dont il a dégagé le poitrail en remplaçant la bricole par un collier. Cette planche, qui est un véritable tableau, a appartenu jusqu'à ces derniers temps à M. Gihaut jeune.

135 — La même composition. Dessin au crayon lithographique d'après une épreuve originale.

136 — A cheval (20 r. r.). Superbe épreuve.

137 — Marche dans le désert (21). Superbe et rare épreuve du premier État, sans titre.

138 — Passage du Mont Saint-Bernard (22 r. r.). Superbe épreuve du premier état, avant le titre.

139 — Lara blessé (23). Deux épreuves des premier et deuxième états.

140 — Shipwreck of the meduse (24 r.). Croquis au trait et à l'encre, distribué au public, lors de l'exposition à Londres du tableau de Géricault.

GÉRICAULT

141 — Suite de grandes lithographies anglaises. Douze planches et un titre, publiés à Londres en 1821.

Titre. — Un fourgon attelé (25. r).
Épreuve du premier état.

1° The Piper (26 r.);
2° Pity the sorrows of a poor old man etc. (27 r.);
3° A Party of life Guards (28 7);
4° An Arabian horse (29 r.);
5° A paraleytic Woman (30 r.);
6° Entrance to the Adelphi Warf. (31 r.);
7° The flemish farrier (32 r.);
8° A french farrier (33 r.);
9° The English farrier (34 r.);
10° Horse exercising (35 r.);
11° The Coal wagon (36 r.);
12° Horses going to a fair (37 r.).

Cette suite, de la plus grande rareté à trouver réunie est dans une parfaite condition, les épreuves sont superbes et ont toutes leurs marges.

142 — Jockey anglais monté sur un cheval qui a une couverture marquée d'un M (38). — Cheval de carrosse monté par un palefrenier en veste coiffé d'un chapeau rond (39). — Le marchand de poissons assis près de son étal et endormi (40). — Trois enfants jouent avec un âne près d'une fontaine (41). — Lion dévorant un cheval (44). Cinq pièces à la plume, sur carton lithographiquee, exécutées en Angleterre. Superbes épreuves.

143 — Jeune femme et ses trois enfants (43 r. r. r.). Très belle épreuve d'une pièce d'extrême rareté, celle-ci est la troisième connue.

144 — Le dessin original à la mine de plomb de la pièce précédente et le dessin à la plume sur carton qui est la planche originale. Deux pièces.

GÉRICAULT

145 — Guillaume le Conquérant rapporté après sa mort à l'Église de Saint-Georges de Boscherville (45). Très belle épreuve.

146 — Église de Saint-Nicolas de Rouen (46). Épreuve sur chine.

147 — Études de chevaux, d'après nature. Suite de douze pièces publiées chez Gihaut (47-58). Superbes épreuves du premier état, tirées sur chine, dans les couvertures de publication.

148 — Suite de huit petites pièces publiées chez Guihaut (59-66). Très belles épreuves du premier état, avant l'adresse de Gihaut, sur chine, dans la couverture de publication.

149 — Suite de sept petites pièces, publiées par Gihaut (67-73). Très belles épreuves.

150 — Études de chevaux. Suite de grandes lithographies françaises. Douze planches et un titre. Imprimées par Villain, publiées par Gihaut en 1822 (74-86). Superbes épreuves du premier état, avant que le nom de Villain ait été effacé. Le titre est double, en épreuve du premier état, avant l'adresse de Gihaut.

151 — Suite de cinq pièces encadrées publiées par Mme Hulin en 1823 (87-91). Superbes épreuves du premier état, avant que le nom de Mme Hulin et l'adresse de l'imprimeur aient été effacés. Avec la couverture de publication.

152 — Suite des quatre pièces par Géricault et Eugène Lami, publiées par Gihaut en 1823 (92-95). Très belles épreuves.

153 — Suite de quatre pièces lithographiées par Volmar, retouchées au crayon et au grattoir par Géricault (96-99). Très belles épreuves.

154 — Cheval attaqué par un lion (100. r. r. r.). Superbe épreuve d'une extrême rareté. M. Ch. Clément dit dans son cat. de l'œuvre de Géricault ne connaître que l'épreuve de la Bibliothèque nationale.

GÉRICAULT

155 — Cheval gris pommelé, vu de trois quarts (101. r. r. r.).
Superbe épreuve de la seule eau-forte du maître. Le petit
chapiteau qui se trouve au haut de la droite de cette
pièce est de M. Dedreux, architecte, grand prix de Rome,
en 1815.

156 — Officier à cheval et soldat lui indiquant son chemin de
la main droite. Costumes de la Restauration. Pièce non
décrite, signée d'un grand G. dans le bas de la gauche.

GÉRICAULT (d'après)

157 — Quatre sujets par Volmar d'après Géricault. Paris
1825, chez Gihaut. Très belles épreuves dans la couverture de publication.

158 — Bull-Dog, d'après l'étude peinte par Géricault, par
Aubry.

159 — Fac-simile d'après les croquis et compositions inédites
de feu Géricault, lithographié par Collin et Wattier. Dix
pièces dans la couverture de publication.

160 — Etudes de chevaux par Jayler d'après Géricault. A
Paris, chez Gihaut frères. Dix pièces dans la couverture
de publication.

161 — Fac-similes de dessins extraits des livres de croquis de
Géricault et lithographiés par plusieurs artistes, publiés
par Blaisot, 1825. Vingt-et-un pièces dans la couverture
de publication.

162 — Dessins de Géricault lithographiés en fac-simile par
A. Colin, publiés par une société d'artistes et d'amateurs.
Paris, chez Lecomte, 1866. Six pièces.

163 — Lithographies, gravures et eaux-fortes, d'après les
tableaux de Géricault. Vingt-trois pièces.

GÉRICAULT

146 — Chariot, chargé de soldats blessés, traîné par trois
chevaux (10. r. r.). Très belle épreuve.

GÉRICAULT

165 — A Party of life guarde (28. r.). Très belle épreuve.

166 — Entrance to the Adelphi Warf (31. r.). Superbe et rare épreuve avant la lettre.

166 bis — The English farrier (34. r.). Superbe épreuve, imprimée à deux teintes.

166 ter — The Col Wagon (36. r.). Très belle épreuve.

GÉROME

167 — César mort. Epeeuve du 1er état, avec une ligne noire tracée au bas, sur chine.

GOYA

168 — El famoso Americano Mariano Ceballos (272). — Picador enlevé sur les cornes d'un taureau (273). — La Division de Place (275). Trois pièces de ces belles lithographies exécutées à Bordeaux. Superbes épreuves, toutes marges.

GRANDVILLE (J.-J.)

169 — Types modernes 1835. Le dedans de l'homme expliqué par le dehors. Observations critiques par J.-J. Grandville. Neuf pièces sur chine dans la couverture de publication.

170 — Voyage pour l'Eternité, galerie mythologique. Pièces tirées du journal la *Caricature*. Vingt-trois pièces en partie coloriées.

171 — Scènes de mœurs et autres. Quatre pièces coloriées.

172 — Les Contre-temps, suite du seizième pièces en noir.

173 — Le Dimanche d'un bon bourgeois ou les tribulations de la propriété, par Isidore Granville. Suite de douze pièces en double état, noir et coloriées, dans la couverture de publication.

174 — Galerie mythologique. Suite de six pièces coloriées.

GRANDVILLE (J.-J.)

175 — Chaque âge a ses plaisirs. Dix tableaux composés et lithographiés par J.-Adolphe Grandville. A Paris, chez Gihaut. Epreuves coloriées, dans la couverture de publication.

176 — Voyage pour l'Eternité, service général des omnibus accélérés, départ à toute heure et de tous les points du globe, par J. Grandville. Neuf pièces coloriées dans la couverture de publication.

177 — Les Métamorphoses du jour. Suite de soixante-treize pièces en noir; plusieurs sont doubles, coloriées. Manque le n° 41.

178 — Les Breuvages de l'Homme. Six pièces.

179 — Carte vivante du restaurateur. Six planches coloriées.

180 — Caricatures politiques, scènes de mœurs et pièces tirées du journal la *Caricature*. Trente-cinq pièces, la plupart coloriées.

GRANDVILLE (d'après)

181 — Scènes du mariage forcé et du Médecin malgré lui. Deux pièces gravées par Prévost.

182 — Singeries politiques et morales de la Société parisienne, composé par Grandville, exécuté par Forest, publié par Aubert. Six pièces avec la couverture de publication. Incomplet.

GRANDVILLE et DAUMIER

183 — Planches de la souscription mensuelle du journal la *Craicature*. Dix-neuf pièces. Rares.

GROS (le baron)

184 — Arabe appelant du renfort. — Arabe du désert. Deux pièces.

HENRIQUEL-DUPONT

185 — *Chénier* (André), d'après Suvée. — *Orléans* (la duchesse d'). Deux portraits. Très belles épreuves avant la
lettre.

HERVIER

186 — Etudes de paysages. Suite de douze pièces.

INGRES

187 — Portrait de Monseigneur de Pressigny, gravé à l'eau-
forte. Superbe épreuve avant la lettre, toute marge.

188 — Odalisque. — Les quatre ducs de Bourgogne. Deux
pièces.

INGRES (d'après)

189 — Portraits de Ingres et de personnages gravés d'après
ses dessins. Sept pièces.

ISABEY (Eugène)

190 — Six marines dessinées sur pierre par Eugène Isabey.
Très belles épreuves sur chine.

191 — Le Retour au port. Grand in-fol. en largeur. Très
rare.

192 — Souvenir de Bretagne, vues de Rouen, de Caen.
Quatre pièces.

JACQUE (Ch.)

193 — La Bergerie. Superbe épreuve avant la lettre, toute
marge.

194 — Paysage avec chaumière. Epreuve d'essai, signée du
graveur, sur chine.

195 — Cours de dessin, nature morte autographié d'après
nature, pas Charles Jacque. Vingt pièces.

LAMY (Eug.) et H. MONNIER

196 — Voyage en Angleterre. Paris, 1829. Treize planche
avec texte et couverture.

LEMUD (A. de)

197 — Maître Wolframb. Superbe épreuve avant la lettre.

198 — La Bourse. — Moines se préparant à la confession.
— Jeune fille tendant une écharpe. — Hoffmann rêvant.
— Jean Gigoux. — Enfance de J. Callot. — Jeune homme
à sa fenêtre, gravure. Sept pièces. Très belles épreuves.

199 — Homme couché sur un tertre. Superbe épreuve d'une
pièce non décrite.

LE POITEVIN

200 — Les Diables de lithographies par Le Poitevin. A Paris,
chez Aumont. Suite de quatorze planches et un titre, en
1 vol. in-fol. obl. cart.

LOUIS (Aristide)

201 — Napoléon, d'après Paul Delaroche. Superbe épreuve
d'artiste, sur chine.

MARILHAT

202 — Souvenir de la campagne de Rosette, 1835. Superbe
épreuve avant la lettre, sur chine.

MARTINET (à Paris chez)

203 — Armée des Souverains alliés, année 1815. Cinq pièces.

MEISSONIER (E.)

204 — Les Reitres. Très belle épreuve, sur japon.

205 — Polichinelle, dirigé à droite. Rare épreuve de la
planche originale.

MEISSONIER (d'après)

206 — Les joueurs de dés, gravé sur bois par Lavoignat. Epreuve tirée hors texte, sur chine.

207 — Défilé des populations lorraines devant S. M. l'Impératrice, à Nancy, gravé par J. Jacquemart. Très belle épreuve avant la lettre.

MONNIER (H.)

208 — Vignettes pour les chansons de Béranger. Sept pièces, coloriées.

MOUILLERON

209 — La ronde de nuit, d'après Rembrandt. Très belle épreuve avant la lettre.

210 — Composition diverses d'après Hamman, Gallait, Robert Fleury, Bodmer, Isabey et Leys, plus deux compositions par Sirouy, d'après Adrien Coignet et Roqueplan. Dix pièces, la plupart avant la lettre.

ORLÉANS (FERDINAND, duc d')

211 — Croquis lithographiques par Ferdinand d'Orléans, 1830. Douze pièces dans la couverture de publication. Très belles épreuves, en partie sur chine.

PRUD'HON (P.-P.)

212 — Une lecture (cat. de l'œuvre de Prud'hon, par M. de Goncourt, 7). Très belle épreuve de premier tirage, sur chine.

213 — L'Enfant au chien (8). Epreuve du deuxième état, avec le nom de Prud'hon.

214 — Une Famille malheureuse (9). Superbe épreuve avant les retouches.

215 — La Leçon de botanique. Eau forte attribuée à Prud'hon. Très belle épreuve avant la lettre, toute marge.

PRUD'HON (d'après)

216 — Le Roi de Rome, gravé à l'eau-forte par Defrey. Très rare épreuve avant toute lettre.

217 — La Justice et la vengeance divine poursuivant le crime, par B. Roger (77). Très belle et rare épreuve avant la lettre, marge.

218 — Le Premier Baiser de l'Amour, gravé par Copia (132). Epreuve de la plus grande rareté, à l'état d'eau-forte, toute marge.

219 — La même estampe, superbe et très rare épreuve avant toute lettre, seulement les noms des artistes tracés à la pointe, toute marge.

220 — Fac-simile d'un dessin de Prud'hon pour l'adresse de la veuve Merlen (157). — Carte d'entrée d'un concert ou d'un bal (158). Cinq épreuves de ces deux pièces.

221 — Les Vendanges, par Aubry le comte. Deux très belles épreuves avec adresse d'imprimeur différente.

222 — Vénus et Adonis. Deux épreuves sur chine, avant toute lettre, dont une avec dédicace.

223 — Mange mon petit. — Ah! les jolis petits chiens. Deux pièces faisant pendants, gravées par B. Roger. Superbes épreuves avant toute lettre, seulement les noms des artistes à la pointe, signées du graveur.

224 — Marguerite. — L'Etude guide l'essor du génie. — La Vierge. — L'Amour et l'Amitié. — Joseph et Putiphar. — La Justice. — Phrosine et Mélidore. — Apollon et les muses, etc. Dix-sept pièces lithographiées par Aubry-le-Comte et J. Boilly.

225 — L'Amour tenant un flambeau. — Jeune femme tenant un oiseau. Deux pièces faisant pendants, imprimées en couleur. Très belles épreuves avant toute lettre, rares.

RAFFET

226 — La Caresse. — Triomphe de Venus. — Plafond de Diane au Louvre. — Thémis. — Portraits de Prud'hon, etc. Sept pièces lithographiées par J. Boilly, Mauzaisse, etc.

227 — Les Petits fileurs. — Les Petits devideurs. Deux pièces lithographiées par Aubry-le-Comte. Epreuves sur chine.

228 — Portraits de Raffet, dont un gravé à l'eau-forte et l'autre lithographié par Aug. Bry. Deux pièces.

229 — Croquis divers (Giacomelli. *Catalogue* de l'œuvre de Raffet, I, II, III). — Le Jeu de Paume (V). — Séance royale, 23 Juin 1789 (VI). — Jemmapes, 6 Novembre 1792 (IX). — Six pièces gravées à l'eau-forte, en premières épreuves, sur chine.

230 — A. H. Bertin (4-r.). Très belle épreuve.

231 — M. Amable Gihaut (5. r. r.). Très belle épreuve, sur chine.

232 — Le Colonel du 17e léger, 13 septembre 1841 (7). Très belle épreuve.

233 — S. A. R. le duc d'Aumale, 1848 (8). Très belle épreuve.

234 — Louis Blanc (9. r. r.). — Le prince A. de Demidoff (10. r. r.). Deux pièces. Epreuves d'essai, sur chine.

235 — Le baron Alfred de Marches (11. r.). — Le comte de Meden (14. r. r.) Souvenir de Santicios (14. r. r.). Trois pièces. Très belles épreuves.

236 — Le maréchal de Saint-Arnaud (15). Deux épreuves des premier et deuxième tirages.

237 — Boyer, capitaine d'état-major (16), deuxième et troisième états. — Le Blanc, lieutenant-colonel du génie (17), premier, deuxième et troisième tirages. — Lebrun, chef d'escadron d'état-major (18), deuxième et troisième tirage. — Le colonel Maule (20. r. r.). — Auguste Raffet (21-r.). — F. Douay (22. r. r.). — Manéque (23. r. r.). — Le maréchal Baraguey d'Hilliers (24), premier et

RAFFET

deuxième tirages. — Le commandant Sainte-Marie (25. r. r.). Deux épreuves d'essai.— Baraguey d'Hilliers (26. r.). Premier et deuxième tirages. — Regnault de Saint-Jean-d'Angely (27). Premier et deuxième tirages. — Tiersonnier (28. r. r.).— Castelnau (29. r. r.). — Le cardinal Antonelli (30. r. r.). — Le colonel Bouat (32. r. r. r.). — Autre portrait du même (33. r. r.).— Le pape Pie IX (34. r. r. r.). — Bouat (35. r. r.). — Mme Laure Raffet (37. r. r. r.). — M. Auguste Raffet (38. r. r. r.). — Autre portrait du même (39. r. r. r.).— M. Eugène Bry (40. r. r. r.). Trente pièces.

238 — Je le sauverai ou je perdrai la vie (45.r.).—Nous avons la victoire Fanfan... (46. r.). — Dieu que les pays sont ingrats !!! (47). — Tu as de l'honneur... (50 r. r. r.). — Bataille mémorable et décisive d'Ayacucho, dans le Pérou, 1824 (57-r. r.).— Le fils du brave Canaris (61).— Artillerie légère en action (67. r.). — Manœuvre à la prolonge (68. r.). — Jérusalem délivrée, ch. IX (69. r.). — 26 Juillet 1830 (70. r. r.).— Barricade dans la rue Saint-Antoine (74). — Tirez sur les chefs et les chevaux..... (75). — Je veux tuer un des soldats de Polignac... (76). Quatorze pièces.

239 — Retraite du bataillon sacré à Waterloo, 18 Juillet 1815 (80. r.). Très belle épreuve sur blanc.

240 — La même pièce. Très belle épreuve sur chine, toute marge.

241 — Combat d'Oued-Alleg, 21 Décembre 1839 (82). Epreuve de premier tirage, sur chine coupé.

242 — Le Drapeau du 17e Léger, 13 Septembre 1841 (83). Très belle épreuve.

243 — Le Réveil (85). Très belle épreuve.

244 — Le Rêve (86). — Etude pour la même pièce.—Craonne 1814 (158.r. r. r.). Trois pièces.

RAFFET

245 — Christine (91.r.r.).—Voyage de l'Astrobabe (92-r. 93, 94).
— Colporteurs des papiers Weynen (95 et 95 *bis* r.). —
Jacki (96. r.).— Société des friteux (98). Deux épreuves.
— Titre (99). Neuf pièces.

246 — Vignettes pour romances (102-103-104-105-106-109-
110-111-112-113-114-115-118). Dix-huit pièces.

247 — Napoléon en Egypte, affiche pour le poème de Barthélemy et Méry (119.r.). Très belle épreuve.

248 — Némésis. Affiche pour les satires de Barthélemy (120.r.).
Deux épreuves imprimées sur papier jaune.

249 — Napoléon. Affiche pour l'histoire de Napoléon, par
M. de Norvins (121.r. r.).

250 — Napoléon. Autre affiche pour le même ouvrage (122.r.).
— Le Compagnon de tour de France (123.r.). — Algérie
ancienne et moderne (125.r.). Trois pièces.

251 — Caricatures politiques. Pièces insérées dans le journal
la *Caricature* (127-142). Dix-huit pièces.

252 — Le roi tenant par la main le jeune comte de Chambord,
le conduit vers un trône dont les degrés sont jonchés
de paperasses portant toutes quelque étiquette (144.
r. r. r.).

253 — Pièces insérées dans le journal l'*Artiste* (145-150). —
Deux pièces insérées dans l'*Album cosmopolite* (151-152.r.).
Huit pièces.

254 — Souvenir du camp de Compiègne (163-165). Premier
et deuxième tirages. — Souvenirs d'Italie (166-167). Six
pièces.

255 — Pièces diverses, non terminées (153-159-161). Trois
pièces.

RAFFET

256 — Drapeaux français (168-171-r. r.). Deux collections. Huit pièces.

257 — Catalans (172. r. r.). Premier tirage. — Siège de Rome. une brèche (175. r. r. r.). — Garde consulaire (177). Premier et deuxième tirage. Quatre pièces.

258 — Essais de divers procédés et reports sur pierre (179-180-181-182-183-184-185-186-187-189-190-191-192-193-195-199). Vingt-cinq pièces, dont beaucoup de doubles en premier tirage.

259 — Histoire de Jean-Jean (221-236). Quatorze pièces. — Entrée à Milan (249). Quinze pièces.

260 — Petit album militaire (203-210). — Sujets tirés de divers albums (213-216-217-218-219-269-270). Dix-huit pièces.

261 — Albums lithographiques par Raffet. 1827 (273-282) et 1828 (283-295). Vingt-sept pièces dont quelques doubles.

262 — Album de 1837 (417-429). Très belles épreuves. Dans cet album se trouve la Revue nocturne.

263 — Costumes militaires de différentes suites décrites du n° 430 au n° 507. Douze pièces.

264 — Dessins faits d'après nature au siège de la citadelle d'Anvers. par Raffet. Suite de vingt-quatre pièces et un fronstipice (509-535). Un vol. in-fol. cart.

265 — Retraite de Constantine (536-542). — Prise de Constantine (543-556). La première pensée du n° 544, décrite sous le n° 545, se trouve jointe à cette suite. Vingt-et-une pièces en 1 vol. in-fol. cart.

266 — Souvenirs d'Italie. Expédition et siège de Rome (557-593). Très belles épreuves sur chine. Plusieurs pièces sont doubles avant la lettre

RAFFET

267 — Planches du voyage en Russie (594). Premier état. — S. E. le comte Michel de Woronzoff (627). Inédit. — Frontispice (667). — Escorte de Cosaques de la ligne du Kouban (671). Épreuve d'essai. — Vues, perspective de la flèche d'Arabat (672). Épreuve d'essai avant toute lettre. — Frontispice (686). Epreuve d'essai, sur chine. — De Sainson (691). Inédit. Sept pièces. Très belles épreuves. Rares.

268 — Eglise de Lamballe (703). Deux épreuves. — Jeune fille tatare (776. r. r.) — Projets de tableaux esquissés à la plume, par Raffet (780-782). — Alphonse Balleydier (App. 53 et 54). Huit pièces.

269 — Le général Piat (App. 47). — Croquis militaires. Trois pièces.

RAFFET (d'après)

270 — Exercices d'infanterie. Trente et une pièces gravées au trait. Epreuves sur chine.

271 — Illustrations de l'armée française depuis 1789 jusqu'en 1832, d'après Léon Cogniet et Raffet, lithographiées par Lanta et Ad. Midy. Paris, Victor Delarue. Dix-neuf pièces dans la couverture de publication. Epreuves sur chine.

RIBERA (J.)

272 — Saint-Jérôme (B. 4). Très belle épreuve.

ROBERT (LÉOPOLD)

273 — La Prière, eau-forte. — Une Suissesse. — Le Repos du pâtre. — Un Brigand napolitain. — Berger de la campagne de Rome. — Un Improvisateur napolitain. — Environs de Rome. — La Prédiction. Quatorze pièces, dont plusieurs doubles.

ROQUEPLAN (C.)

274 — Paysages. — Marines. — Croquis et sujets de genre. Trente-huit pièces.

VALERIO (Th.)

275 — Le Montenegro, suite de dessins d'après nature gravés à l'eau-forte par Théodore Valerio. Suite de douze pièces sur chine, dans la couverture de publication.

VERNET (C.)

276 — Son œuvre lithographique en trois cent soixante-quinze pièces ; études de chevaux, chasses, courses, études de chiens, scènes militaires, etc. Epreuves de choix.

VERNET (d'après C.)

277 — Exercices de franconi. Deux pièces faisant pendants, gravées par P.-L. Debucourt. Epreuves coloriées, sans marge, plus une double, en noir. Trois pièces.

278 — Courses de chars, n° 1. — L'Entrée dans le bois. Deux pièces gravées par Gros et Allais. Belles épreuves.

279 — Route de poste. — Les Aveugles. Deux pièces gravées par Debucourt. Belles épreuves en couleur.

280 — Retour des champs. — Le Joueur de cornemuse. Deux pièces gravées par Debucourt. Très belles épreuves en noir, toutes marges.

281 — Rempailleur de chaises, par Debucourt, en couleur. Très belle épreuve.

282 — La Marchande de cerises. — Le marchand de peaux de lapin. — La Marchande d'eau-de-vie. — La Marchande de saucisses. — La Marchande de coco. Cinq pièces gravées par Debucourt. Très belles épreuves en couleur.

283 — Famille écossaise. — Le Cosaque galant. — Cosaques au bivac. — Rencontre d'officiers anglais. — Militaires anglais. — Militaires écossais. — Officiers prussiens. — Militaires de la garde impériale russe et allemande. — Grenadier et Tambour de la garde nationale parisienne. — Adieux d'un Russe à une Parisienne. — Marche d'officiers anglais, etc. Seize pièces gravées par Debucourt. Très belles épreuves en couleur.

VERNET (d'après C.)

284 — Anglais en habit habillé. — Goûter des Anglais. — Rencontre d'officiers anglais. Trois pièces, gravées par Debucourt, en couleur.

285 — Cosaque régulier de la garde. — Cosaque irrégulier portant des dépêches. — Houssard autrichien. — Cuirassier prussien. — Passez-payez. — Le Chiffonnier. — Rempailleur de chaises. — Uhlan prussien. — Cheval arabe conduit par un Mameluck. Neuf pièces, gravées par Debucourt, en noir.

286 — Costumes modernes français et anglais, par Levachez. Très belle épreuve.

287 — L'Inconvénient des perruques, par Darcis. Très belle épreuve, marge.

288 — La Course, par Debucourt. Superbe épreuve avant la lettre, marge.

289 — Le Départ pour la chasse, par Debucourt. Superbe épreuve avant la lettre, marge.

290 — Le Départ, par Debucourt. Superbe épreuve avant toute lettre.

291 — Départ du chasseur. — Chasseur à l'affût. — Chasseur au tir. — Retour du chasseur. Suite de quatre pièces gravées par Jazet. Très belles épreuves, marges.

292 — Le Départ. — La Chasse. — L'Halali. — Halte au retour de la chasse. Suite de quatre pièces gravées par Jazet. Très belles épreuves, marges.

293 — Cheval de retour de la chasse. — Cheval qu'on bouchonne au retour d'une course. Deux pièces faisant pendants, gravées par Debucourt. Très belles épreuves, toutes marges.

294 — Les mêmes estampes, superbes épreuves en couleur, toutes marges.

VERNET (d'après C.)

295 — Le Marchand de chevaux. — Intérieur d'écurie. Deux pièces en couleur, gravées par Coqueret. Très belles épreuves, marges.

296 — Cheval pansé à l'anglaise, gravée par Coqueret. Très belle épreuve, marge

297 — Attaque de Mameluck. — Charge de Mameluck. — Retraite de Mameluck. — Halte de Mameluck. — Rentrée de Mameluck dans une forêt. Cinq pièces gravées par Coqueret et Debucourt. Très belles épreuves.

298 — Charge de Mameluck, par P.-L Debucourt. Très belle épreuve en couleur.

299 — Mameluck d'ordonnance. — Départ de lanciers. Deux pièces gravées par Debucourt. Belles épreuves en couleur.

300 — Mameluck au grand galop. — Chevaux au vert. Deux pièces gravées par Jazet et Debucourt. Belles épreuves.

301 — Mort du prince Joseph Poniatovoski, gravé par Debucourt. Deux épreuves, dont une en couleur.

VERNET (H.)

301 bis. Son œuvre lithographié, composé d'environ 380 planches, dont un certain nombre de doubles en états différents, renfermées dans sept portefeuilles. Epreuves de choix.

VERNET (d'après H.)

302 — Incroyables et Merveilleuses. Suite complète de trente-trois pièces gravées par Gatine, les deux dernières d'après Lante. Très belles épreuves en couleur, grandes marges.

WILLE (J.-G.)

303 — L'Observateur distrait, d'après Mieris. Très belle épreuve.

304 — Sous ce numéro, il sera vendu quelques dessins et
aquarelles par Géricault, E. Lami, Raffet, Bellangé, Gavarni, Grandville, Ingres, Sudre, C. Vernet, etc.

LIVRES

305 **L'Artiste**. Histoire de l'art contemporain. 1874-1875-
1876. 5 vol. gr. in-8°, demi-rel. bas.

306 — **Bruzard**. Catalogue de l'œuvre lithographique de
M.-J.-E. Horace Vernet. Paris, 1826. 1 vol. in-8° cart.

307 — **Bry (Auguste)**. Raffet, sa vie et ses œuvres, par
Auguste Bry. Paris, 1861 et 1872. Deux éditions différentes. 2 vol. in-8 br.

308 — **Clément (Ch.)**. Géricault; étude biographique et
critique, avec le catalogue raisonné de l'œuvre du maître,
par Charles Clément. Paris, 1868. 1 vol. in-8 broché.

309 — **Le Diable à Paris**.. Paris et les Parisiens... Paris,
Hetzel, 1845. 2 vol. in-8°, demi-rel. mar. rouge, fig. par
Gavarni.

310 — **Gavarni**. La Correctionnelle, Petites causes célèbres.
Études de mœurs populaires au dix-neuvième siècle
accompagnées de cent dessins par Gavarni. Paris, 1840.
1 vol. in-4 cart.

311 — **Gavarni**. Les Joyaux. — Les Parures. Fantaisies par
Gavarni. Texte par Méry. Paris, S. D. 2 vol. in-8 demi-
rel. mar. vert.

312 — **Gavarni**. Masques et Visages. Paris, 1868. 1 vol. in-8
cart.

313 — **Giacomelli**. Raffet, son œuvre lithographique et ses
eaux-fortes, suivi de la bibliographie complète des ou-
vrages illustrés de vignettes d'après ses dessins, par
H. Giacomelli. Paris, 1862. 1 vol. in-8 br.

314 — **Grandville**. Les Métamorphosès du jour, par Grandville. Paris, Gustave Havard, 1854. 1 vol. in-8 demi-rel. mar. rouge.

315 — **Guiffrey**. L'œuvre de Ch. Jacque. Catalogue de ses eaux-fortes et pointes sèches, dressé par J.-J. Guiffrey. Paris, 1866, in-8 broché.

316 — **La Combe**. Charlet, sa vie, ses lettres, suivi d'une description raisonnée de son œuvre lithographiquc, par M. de La Combe. Paris, 1856. 1 vol, in-8 demi-rel. mar. rouge.

317 — **Leberthais**. Toiles peintes et tapisseries de la ville de Reims. Trente-deux planches grand in-fol. reproduisant les principales scènes des mystères du quinzième siècle, dessinées ct gravées par Casimir Leberthais, accompagnées du texte des mystères, avec des explications historiques par Louis Paris. Paris, S. D., grand in-fol. en feuilles. Soixante-et-une pièces en noir et en couleur, sans texte.

318 — **Moreau (Ad.)**. E. Delacroix et son œuvre, avec des gravures en fac-simile des planches originales les plus rares. Paris, 1873. 1 vol. in-8 br., grand papier.

Imprimerie D. Dumoulin et Cie, à Paris.

PARIS

IMPRIMERIE D. DUMOULIN ET Cie

5, rue des Grands-Augustins, 5